3477 S et arts

Catal Nyon 2532

PLAN
D'IMPOSITION
ÉCONOMIQUE
ET
D'ADMINISTRATION
DES FINANCES,

PRÉSENTÉ A MONSEIGNEUR TURGOT,
Miniſtre & Contrôleur Général des Finances,

PAR M. RICHARD DES GLANNIERES.

A PARIS,

Chez PIERRE-GUILLAUME SIMON, Imprimeur
du Parlement, *rue Mignon S. André-des-Arcs.*

M. DCC. LXXIV.
AVEC APPROBATION ET PRIVILEGE DU ROI.

MONSEIGNEUR TURGOT,

MINISTRE
ET CONTRÔLEUR GÉNÉRAL
DES FINANCES.

MONSEIGNEUR,

APRÈS avoir examiné les différens projets sur la réformation des finances, on n'y trouve que de vaines déclamations contre les Fermiers généraux, & pas un moyen solide d'établir une nouvelle perception qui puisse, en supprimant les abus, procurer au Roi un revenu fixe & constant, & aux Peuples un soulagement réel par l'économie de l'administration & la justice des répartitions.

On croit avoir levé ici les difficultés étonnantes qui femblent s'oppofer à une nouvelle adminiftration. Ce projet fimple en lui-même renferme les deux objets d'impôts les moins onéreux : la Taille réelle , & un droit *de franchife* qui tiendra lieu de tous ceux que l'on paye fur les denrées que l'on confomme.

1°. Les revenus du Roi furpaffent de moitié & plus le prix du bail de la Ferme générale , & le prix des abonnemens des Pays d'Etat.

2°. Aucuns des Citoyens , cotifés dans leur jufte claffe , n'auront à fe plaindre de l'impofition , puifqu'il eft certain qu'elle eft inférieure aux fommes qu'ils payent actuellement fur leurs confommations ; & que la perception fe faifant fans aucuns frais que de deux fols pour livre , tout ce qu'ils payent eft réellement en acquit de ce qu'ils doivent.

Le Miniftere a déja fenti , fans doute , combien il feroit intéreffant d'affimiler tous les Sujets du Roi à une perception uniforme qui, en les raffemblant tous , rendît les plus riches *coopérans* au foulagement des pauvres. C'eft dans cet efprit de juftice qu'on a fait ici la diftribution en plufieurs claffes proportionnées, autant qu'il eft poffible, à la *quantité & à l'état des Citoyens.*

Par le Tableau ci-joint on verra que la perception n'eft établie que fur *fept millions trois cents quatre-vingt-fept mille ames ;* on fçait que le nombre des Sujets du Royaume eft au moins de *dix-huit millions.*

On a cru pourvoir aux inconvéniens qui naiffent d'une perception arbitraire, en partageant les Sujets du Royaume en huit claffes , & en augmentant la quote au *prorata* de la confommation ordinaire de chaque état.

La premiere claffe , dont le recouvrement femble toujours le plus difficile, eft la plus nombreufe , puifqu'elle comprend

trois millions de Sujets , dont *deux millions* font cotifés à
3 *livres*, & un *million* à 6 *livres* par an.

Or, quel eft le Citoyen qui ne paye pas 3 *livres* par an
fur fa confommation ? C'eft à raifon de *deux deniers* par
jour. La boiffon feule, fixée à demi-muid par an pour chaque
homme, fait un objet de 6 *livres* dans les pays d'aides; le
tabac, le *fel*, l'*habillement* & généralement toutes les autres
denrées, triplent ces 6 *livres* & plus.

En fuivant la gradation depuis la premiere jufqu'à la derniere
claffe proportionnellement à l'état de chacun , on verra que le
calcul eft jufte, & qu'en adoptant ce projet on procure au Roi un
revenu double, & au Peuple une diminution confidérable.

Il refte donc à fçavoir quel parti prendre pour s'arrêter
à ce projet; on préfume que l'on peut en effayer.

Rien de plus facile au Miniftere que de fe faire repréfenter
par les principaux Officiers des Villes, ou par le Receveur des
tailles de chaque Election, un état certifié & approfondi de la
fortune de chaque particulier dans l'étendue de fa Charge.

Rien de plus facile encore, d'après cet état, que de faire la
répartition & de claffer les Sujets comme ils doivent l'être.

Mais que deviendront les Fermiers? On les replacera
& on pouvoira, par une fage précaution, à éviter le vuide
de la perception. On employera les Fermiers généraux en
Régiffeurs généraux. Qui doit mieux connoître les finances
& la vraie adminiftration par économie, que les Fermiers
mêmes, dont la plûpart travaillent dans les perceptions des
droits aétuels , & qui en connoiffent parfaitement les vices
locaux?

On évitera le vuide de la perception, en exigeant d'avance
un quartier des droits de la nouvelle impofition; & perfonne ne
s'y refufera, quand l'Edit de création fera regiftré au Parlement,
& qu'on y fera fentir les raifons qui y déterminent le Roi.

Quel avantage ne doit-on pas attendre d'un impôt qui donne toute liberté au commerce, qui favorife l'induftrie & l'agriculture par le foulagement qu'on procure aux malheureux & à la population, qui fait feule la force des Rois & la richeffe des Etats.

On croit déja voir le François renaître & porter avec plaifir une chaîne légere qu'il doit aux bontés de fon Maître & au génie de fes Miniftres.

Le moindre Citoyen regarde les impôts *dans leur efprit*, c'eft-à-dire comme un tribut indifpenfable qui doit foutenir la majefté & la force du Trône.

On n'entend point comprendre dans la fuppreffion des impôts aétuels les *droits de contrôle des aétes*, *exploits*, *infinuations*, &c. qui forment la fous-ferme des domaines : ces droits font d'une utilité indifpenfable pour la fûreté publique.

Il refte donc à traiter d'une impofition fur les biens fonds, fous la dénomination de la Taille réelle, & d'un droit que j'appelle *de franchife*, parce que moyennant ce droit, les denrées feront franches de toutes impofitions.

Obfervations fur le droit de franchife.

On peut voir facilement les moyens que l'on propofe pour l'établiffement de ce droit.

On a toujours été perfuadé qu'il étoit impoffible de pouvoir changer l'adminiftration aétuelle ; mais c'eft une chimere qu'on s'eft faite. Si l'on veut bien réfléchir & approfondir les nouveaux moyens que le droit de franchife préfente, on y verra que rien n'eft plus aifé que la voie que l'on y trace pour parvenir à claffer les Citoyens, chacun dans fa claffe, fuivant fon état & fa fortune fur lefquels eft fondée leur confommation.

*AFFRANCHISSEMENT de Capitation & de tous autres droits des Fermes,
y compris ceux sur la consommation des Denrées ;*

S Ç A V O I R :

PARTICULIERS compris dans les classes.	DIVISIONS & PARTICULIERS y compris.	NOMBRE d'ames.	Imposition par tête.	MONTANT de l'Imposition par division.	TOTAL.
Ire. CLASSE. Journaliers & Domestiques sans biens. Religieux & Religieuses, Journaliers & autres.	DEUX DIVISIONS. Journaliers & Domestiques sans biens........................ Religieux & Cultivateurs de quelque peu d'héritages à eux............	2,000,000 1,000,000	3" 6	6,000,000" 6,000,000	12,000,000"
IIe. CLASSE. Les Vicaires de Paroisses, les Artisans & Ouvriers de toutes especes.	TROIS DIVISIONS. La premiere de................ La deuxieme de................ La troisieme de................	500,000 300,000 200,000	9 12 24	4,500,000 3,600,000 4,800,000	12,900,000
IIIe. CLASSE. Les Curés de Paroisses, Laboureurs, Fermiers & Cultivateurs de leurs biens.	QUATRE DIVISIONS. Laboureurs à une charrue........ Laboureurs à deux charrues........ Laboureurs à trois charrues........ Cultivateurs de leurs biens........	400,000 300,000 200,000 200,000	18 40 100 120	7,200,000 12,000,000 20,000,000 24,000,000	63,200,000
IVe. CLASSE. Marchands détailleurs de toutes especes de denrées.	TROIS DIVISIONS. Ceux des Villages.............. Ceux des petites Villes.......... Ceux des grandes Villes..........	200,000 400,000 200,000	40 100 160	8,000,000 40,000,000 32,000,000	80,000,000
V^e. CLASSE. Marchands en gros, Fabricans & Négocians.	TROIS DIVISIONS. La premiere de................ La deuxieme de................ La troisieme de................	300,000 150,000 150,000	100 150 200	30,000,000 22,500,000 30,000,000	82,500,000
VIe. CLASSE. Fermiers intéressés dans les affaires, Notaires, Banquiers, Entrepreneurs & autres.	TROIS DIVISIONS. La premiere de................ La deuxieme de................ La troisieme de................	200,000 150,000 150,000	120 230 320	24,000,000 34,500,000 48,000,000	106,500,000
VIIe. CLASSE. Gens de robe dont la consommation est considérable.	TROIS DIVISIONS. La premiere de................ La deuxieme de................ La troisieme de................	50,000 25,000 12,000	100 200 300	5,000,000 5,000,000 3,600,000	13,600,000
VIIIe. CLASSE. Pour les Gens du premier rang & les plus fortunés.	TROIS DIVISIONS. La premiere de................ La deuxieme de................ La troisieme de................	150,000 100,000 50,000	300 400 500	45,000,000 40,000,000 25,000,000	110,000,000
TOTAUX..................		7,387,000	.....	480,700,000	480,700,000

Dans le Tableau ci-à-côté on voit les claffes divifées par différentes fortunes. On ne peut contefter que dans les Citoyens d'un même état il ne fe trouve au moins trois différentes fortunes ; c'eft pourquoi on a fait trois divifions & même quatre.

Ce Tableau repréfente la bonne foi, la fincérité & la vérité. On va donner tous les moyens pour pouvoir parvenir à fon exécution.

Obfervations fur la Taille réelle fur les biens fonds.

Il paroît équitable d'affujettir les biens fonds à un impôt, par la raifon que le propriétaire jouit d'un état certain, & qu'il eft maître d'économifer fur fon revenu pour y faire face.

La Taille réelle demeurera donc fixée à 4 *fols pour livre* du revenu des biens fonds en valeur; les trois Vingtiemes, les 2 fols & 4 fols pour livre du dixieme, faifant plus que cette fomme.

Cette Taille comprendra les *maifons, clos & jardins*, les *terres, prés, bois, rivieres & étangs*.

Les rentes fur l'Hôtel-de-Ville de Paris & autres, les *conftitutions* de particuliers à particuliers fans exception; le tout fixé à deux fols pour livre, ainfi que tous les autres biens de quelque nature qu'ils foient, même ceux appartenans aux Eccléfiaftiques, à moins qu'on ne veuille les en fouftraire.

Pour établir cette impofition, le Cadaftre paroît inutile, eu égard au temps & aux dépenfes qu'il exigeroit; on trouve un expédient plus court & qui conduit au but.

Les rôles des Tailles & ceux des Vingtiemes fuffifent pour affeoir cet Impôt, fi l'on obferve, 1°, d'affujettir tous les

Propriétaires, Cultivateurs, à faire une déclaration de la valeur de leurs biens & de l'affirmer véritable, de rapporter une expédition ou un fous feing-privé des baux pour les objets affermés, laquelle fera confrontée avec celle du Locataire ; & en cas de faux, condamner le Propriétaire & le Locataire chacun en une amende du *quadruple* de l'objet du faux.

2°. Les Greffiers des Eaux & Forêts feront tenus d'envoyer tous les quinze jours un état certifié des ventes de bois, dont on aura permis la coupe, au Receveur de la Taille-réelle dans l'étendue duquel les bois font fitués, à peine de 3000 livres d'amende & d'interdiction : cet état renfermera le prix de la vente dont il exigera la déclaration de la part de celui qui demandera la permiffion, ainfi que la quantité, l'âge & la qualité des bois.

3°. Les rentes fur l'Hôtel-de-Ville & autres conftituées fur le Roi feront impofées d'après l'état qu'en délivreront les Payeurs ; & l'Impofition fera retenue par leurs mains.

4°. Pour les conftitutions de particuliers à particuliers, on obligera les Notaires, fous peine d'interdiction, d'en envoyer un état aux Prépofés à la recette de la Taille réelle du lieu, & cela tous les quinze jours, lequel état fera vérifié par le contrôle des actes qui fubfifte dans le préfent projet, à caufe de fon utilité pour la fûreté publique.

S'il arrivoit de l'abus dans les déclarations des Propriétaires qui cultivent ou exploitent des bois, on eftimeroit leurs biens d'office à la valeur de ceux de leurs voifins.

Tous les Domaines engagés du Roi feront auffi fujets à cette Impofition ; c'eft un moyen très-facile de tirer une rétribution de ceux qui les ont *obligés à bas prix*, & ce moyen fera moins coûteux que celui de les faire rentrer dans la main du Roi, à caufe des rembourfemens.

Alors

Alors le revenu du Roi feroit liquide & fecret; le Miniftre feul fçauroit à quoi il monte; & dans les befoins preffans, fans aucune manutention nouvelle, on pourroit forcer l'Impofition à proportion des befoins.

La *fpéculation* préfentée ici eft cavée au plus bas & monte pour les droits de franchife à *quatre cens quatre - vingt millions fept cens mille livres*. On pourroit évaluer la Taille réelle à *trois cens vingt millions*. Or, il eft bien certain que le Roi ne tire pas la moitié d'un revenu auffi confidérable. Il feroit donc facile d'employer, de ce revenu, un *tiers à l'acquittement des dettes de l'Etat;* on auroit efpérance de les éteindre fans furcharger le Peuple & fans aucuns frais pour la rentrée & la perception, que les deux fols pour livre.

La perception des Droits de franchife & de la Taille-réelle peut aifément fe faire fur un feul & même rôle, par chaque *Ville, Bourgs, Villages & Hameaux* en dépendans: la forme en eft tranfcrite avec l'état joint au préfent. Si l'on en veut effayer, on le peut en tout temps, en envoyant à chaque Receveur des Tailles des rôles imprimés, en nombre fuffifant pour l'étendue de leur Election, & une lettre inftructive de la maniere d'impofer tous les Sujets de fon reffort; c'eft le feul moyen de ne rien mettre au hafard & d'être affuré de l'effet avant de décider la caufe.

On fe charge de donner des éclairciffemens fur chacun des articles en particulier, & notamment pour la régie de Paris & des principales Villes du Royaume.

Obfervations fur les moyens d'impofer la Taille-réelle avec équité.

Il a toujours paru jufte d'affujettir les biens fonds à un Impôt, qui conftate la valeur de leurs revenus. Le Mi-

B

niftere a fait plufieurs tentatives pour pouvoir y parvenir, & ne s'eft jamais fervi d'autres moyens que celui du Cadaftre; moyen très-foible & à ne jamais finir pour le trop grand laps de temps que ces opérations demanderoient, & qui ne pourroit jamais produire une exécution telle qu'on la defireroit.

On obferve, 1°. qu'on ne peut avec juftice évaluer par eftimation la valeur des biens au préjudice des Propriétaires.

2°. Que l'évaluation des biens, fur-tout ceux qui font affermés, ne peut être mieux faite à leur jufte valeur que par les Propriétaires defdits biens & les Fermiers qui les occupent & qui les font valoir. Une raifon fimple & folide le démontre très-clairement. C'eft que le Propriétaire a toujours intérêt d'affermer fes biens le plus qu'il lui eft poffible, & que le Fermier ne les prend à location que dans leur jufte valeur; c'eft donc cette concurrence qui affure la jufte évaluation: au lieu que par les opérations du Cadaftre il fe trouveroit toujours des évaluations trop fortes ou trop foibles. Dans le premier cas, le Propriétaire feroit léfé, & il ne feroit point jufte qu'il payât la Taille réelle par impofition au-deffus de la valeur du revenu de fes biens. Dans le fecond cas, il n'auroit point lieu de fe plaindre de fon impofition; mais il en réfulteroit un manque de produit pour l'Etat. Il faut donc convenir que les évaluations des biens, faites par le Propriétaire avec fon Fermier, font les plus juftes & les meilleures; & que par conféquent les baux & titres doivent toujours faire la loi pour ces fortes d'évaluations.

Plan de Régie pour la perception des Droits de Franchife & de la Taille réelle.

L'Impofition fera faite par le Receveur des Tailles dans les Pays d'Election, & par les Officiers Municipaux des Villes dans les Pays d'Etat.

MODELE DE CARTE PAR SPÉCULATION

Pour chaque Généralité, avec le nombre des hommes, femmes, garçons, filles, chevaux, bœufs & vaches, ânes, cochons, chèvres, moutons & brebis, maisons, clos ou jardins en arpens, arpens de vignes, arpens de terre en nature, arpens de terre en friche, prés, bois, étangs, rivieres en lieues ou canaux ;

SÇAVOIR;

GÉNÉRALITÉS ET VILLES.	DROIT de franchisé.	TAILLE RÉELLE.	TOTAL.	Hommes.	Femmes.	Garçons.	Filles.	Chevaux.	Bœufs & Vaches.	Anes.	Cochons.	Chevres.	Moutons & Brebis.	Maisons.	Clos ou Jardins en arpens.	Arpens de Vignes.	Arpens de Terre en nature.	Arpens de Terre en friche.	Arpens de Prés.	Arpens de Bois.	Etangs.	Rivieres en lieues ou Canaux.
VILLE DE PARIS	100,000,000*	30,000,000*	130,000,000*																			
GÉNÉRALITÉ DE PARIS	26,000,000	12,000,000	38,000,000																			
AMIENS	14,000,000	7,000,000	21,000,000																			
SOISSONS	10,000,000	6,000,000	16,000,000																			
ORLÉANS	20,000,000	13,000,000	33,000,000																			
BOURGES	11,000,000	6,000,000	17,000,000																			
LYON	23,000,000	15,000,000	38,000,000																			
LA ROCHELLE	12,000,000	8,000,000	20,000,000																			
MOULINS	10,000,000	7,000,000	17,000,000																			
RIOM	9,000,000	5,000,000	14,000,000																			
POITIERS	15,000,000	10,000,000	25,000,000																			
LIMOGES	8,000,000	6,000,000	14,000,000																			
BOURDEAUX	21,000,000	14,000,000	35,000,000																			
TOURS	22,000,000	15,000,000	37,000,000																			
PAU ET AUCH	7,000,000	5,000,000	12,000,000																			
MONTAUBAN	8,000,000	6,000,000	14,000,000																			
CHAMPAGNE	18,000,000	12,000,000	30,000,000																			
CAEN	12,000,000	7,000,000	19,000,000																			
ALENÇON	10,000,000	5,000,000	15,000,000																			
BRITAGNE	13,000,000	12,000,000	25,000,000																			
AIX	16,000,000	12,000,000	28,000,000																			
LANGUEDOC	21,000,000	10,000,000	31,000,000																			
MONTPELLIER	13,000,000	8,000,000	21,000,000																			
ROUSSILLON	9,000,000	6,000,000	15,000,000																			
BOURGOGNE	18,000,000	12,000,000	30,000,000																			
FRANCHE-COMTÉ	11,000,000	6,000,000	17,000,000																			
GRENOBLE	9,000,000	5,000,000	14,000,000																			
METZ	11,000,000	8,000,000	19,000,000																			
ALSACE	18,000,000	12,000,000	30,000,000																			
FLANDRES ET ARTOIS	9,000,000	5,000,000	14,000,000																			
HAINAUT	5,000,000	3,000,000	8,000,000																			
LORRAINE	16,000,000	8,000,000	24,000,000																			
ROUEN	18,000,000	12,000,000	30,000,000																			
TOTAUX	749,000,000	396,000,000	945,000,000																			

MODELE DE ROLE POUR TOUT LE ROYAUME.

TABLEAU qui comprend les droits de franchise sur toutes les denrées, la Capitation & la Taille réelle avec le nombre des hommes, femmes, garçons, filles, chevaux, bœufs & vaches, ânes, cochons, chèvres, moutons & brebis, maisons, clos & jardins en arpens, arpens de vignes, arpens de terre en culture, arpens de terre en friche, arpens de prés, arpens de bois, étangs, rivières en terres ou canaux :

SÇAVOIR;

Classes.	État des Particuliers sur lesquels doivent être faites les Impositions.		Hommes.	Femmes.	Garçons.	Filles.	Chevaux.	Bœufs & Vaches.	Ânes.	Cochons.	Chèvres, Moutons & Brebis.	Maisons.	Clos en Jardins en arpens.	Arpens de Vignes.	Arpens de Terre en culture.	Arpens de Terre en friche.	Arp. de Prés.	Arpens de Bois.	Étangs.	Rivières en terres ou canaux.	IMPOSITIONS.		
																					Capitation & droit de franchise.	Taille réelle.	Totaux.
	DEUX DIVISIONS.																						
1re.	Pour les Journaliers & Domestiques, & autres de cette espece, Religieux & Religieuses.	1re. 2e.																		3 6		
	TROIS DIVISIONS.																						
2e.	Les Vicaires de Paroisses, les Artisans & Ouvriers de toutes especes.	1re. 2e. 3e.																		9 12 24		
	QUATRE DIVISIONS.																						
3e.	Les Curés de Paroisses, les Laboureurs, Fermiers & cultivateurs de leurs biens.	1re. 2e. 3e. 4e.																		18 40 100 150		
	TROIS DIVISIONS.																						
4e.	Marchands Détailleurs de toutes especes de denrées.	1re. 2e. 3e.																		40 100 200		
	TROIS DIVISIONS.																						
5e.	Marchands en gros, Fabriquans & Négocians.	1re. 2e. 3e.																		100 150 200		
	TROIS DIVISIONS.																						
6e.	Fermiers, Intéressés dans les affaires, Notaires, Banquiers, & autres.	1re. 2e. 3e.																		100 160 240		
	TROIS DIVISIONS.																						
7e.	Gens de Robe dont la consommation est considérable.	1re. 2e. 3e.																		100 200 300		
	TROIS DIVISIONS.																						
8e.	Gens du premier rang, & les plus fortunés.	1re. 2e. 3e.																		300 400 500		
TOTAUX																							

La nomination des Collecteurs se fera comme aujourd'hui ; c'est-à-dire que l'on choisira les Habitans les plus intelligens & les plus solvables de chaque lieu.

Il leur sera passé *quatre deniers* pour livre pour compter de net & leur tenir lieu de non-valeurs.

Ils compteront tous les mois au Receveur des Tailles de leur Election le *douzieme* du montant de leurs rôles.

Le Receveur versera ses fonds à la fin de chaque mois dans le trésor royal ou dans une caisse qu'il plaira à M. le Contrôleur général d'établir à cet effet ; il sera passé à ce Receveur quatre *deniers pour livre* du produit de son Election, pour compter net sans non-valeurs & exactement.

Chaque Receveur des Tailles formera deux bordereaux de sa recette tous les mois, dont un sera adressé à M. le Contrôleur général, & l'autre à la Caisse.

Il sera indispensable de monter autant de Bureaux qu'il y a de Généralités, & un pour la ville de Paris, avec un Bureau général pour la vérification des autres. Ce dernier formera la carte générale du produit qui sera présenté tous les mois au Ministre, & dont le double restera à la Caisse pour compter.

On voit que par l'opération la plus simple, on peut percevoir les revenus du Roi, & mettre M. le Contrôleur général à portée de voir le tout par lui-même.

Les Douanes seront établies sur les frontières du Royaume, pour percevoir seulement les *droits sur les marchandises venant de l'Etranger*, tels qu'on les perçoit aujourd'hui.

On voit par le tableau des droits de franchise, que la spéculation présente *quatre cens quatre-vingt millions sept cens mille livres*. Il y aura quelques ménagemens à prendre pour la répartition : car quoiqu'on n'ait fixé la plus haute classe des citoyens qu'à 500 *livres*, il y en a dont la fortune & la dépense exigeroient une plus forte taxe ; mais c'est un bénéfice à réfulter, qui rend le projet d'autant plus folide, qu'il eft tiré au plus bas pour toutes les claffes.

Le modèle des rôles des Impofitions eft l'opération la plus fimple, quoiqu'il contienne un état fommairede la fortune de tous les habitans de la Campagne, & des fonds & propriétés des citoyens des Villes. C'eft un tableau qui repréfentera toujours nouvellement & fidellement au Miniftre l'état des chofes ; on verra d'un coup-d'œil les parties qui fructifient & dans quels lieux, parce que la premiere année échue, les années fuivantes, on tirera, pour chaque lieu en particulier, la comparaifon fur l'année dernière. Le Gouvernement fera toujours à portée de répandre fes graces & fes bienfaits fur les parties qui foibliffent par cas fortuit. C'eft le vrai moyen de pouvoir encourager l'agriculture & faciliter le commerce pour l'exportation des denrées.

Cette tentative feroit on ne peut moins coûteufe.

Les rôles des Vingtiemes & des Capitations fuffifent aux Receveurs des Tailles, pour faire la répartition eux-mêmes & en fecret ; l'effai peut en être fait au moment que l'on voudra.

Obfervations fur le modèle des rôles que l'on propofe.

Sur le plan de régie que l'on propofe, l'on voit que l'Impofition fera faite par le Receveur des Tailles dans les Pays d'élection ; & par les Officiers municipaux des Villes, dans les Pays d'état. Le plan de régie qu'on en donne eft rapporté fur la forme des claffes & divifions ; il comprend enfuite & repréfente le modèle des rôles des deux Impofitions, tant pour les droits de Franchife que pour la Taille réelle, en ne formant qu'un feul & même article pour chaque citoyen, & renfermant dix-huit colonnes, par le moyen defquelles on fera en état tous les ans de nombrer les *productions*, la *quan*

tité de citoyens , le *nombre des animaux* de différentes efpeces , *l'état des biens par nature* , en un mot toute la richeffe du
Royaume ; & par le plan général que l'on pourra en faire chaque année , il fera facile de connoître , par comparaifon ,
l'augmentation ou le dépériffement fur chaque efpece defignée
par lefdits plans.

MANUTENTION ACTUELLE.

Il n'est pas possible d'économiser sur les frais de Régie de la Ferme générale, parce que la machine est au dernier degré de perfection dans toutes ses parties.

Si on diminue le nombre des Commis, on ouvre la porte à la fraude qui est déja considérable, & qui se fait toujours aux dépens du produit.

Si on diminue les appointemens des Commis, ce qui n'est presque pas possible, ils ne pourront plus vivre de leurs emplois, & se livreront par nécessité aux malversations dans tous les genres.

La manutention telle qu'elle est ne peut donc être améliorée : elle est vicieuse cependant par les frais excessifs qu'elle occasionne, & l'on en donne ici une figure. C'est une colonne minée par plusieurs ouvertures, qui doit insensiblement s'écrouler d'elle-même.

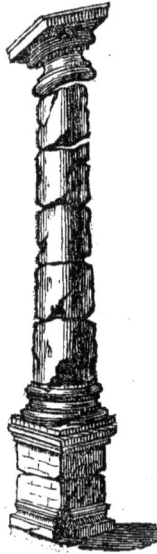

COMPARAISON.

Frais de Régie · · · · · · · · · · · · · 3 sols.
Perte sur la fraude · · · · · · · · · · 4
Frais pour percevoir · · · · · · · · 1
Bénéfice des Fermiers · · · · · · · · 2

10 sols de perte.

Sur vingt sols reste pour le Roi · 10

MANUTENTION NOUVELLE.

L'opération de la manutention nouvelle est beaucoup plus simple & bien moins coûteuse : on l'a démontrée dans le Projet. Il suffit de montrer par la comparaison de la figure, que les frais de perception ne font que de deux fols pour livre ; ce qui ne forme qu'un très-petit jour à la colonne, & la met dans le cas de subsister toujours en l'entretenant.

Au moyen de ce qu'il n'y a point de privilégiés, on n'aura qu'une chose à maintenir, c'est que la répartition soit faite avec équité, & que les riches contribuent, fans s'en appercevoir, au foulagement des pauvres.

Le mérite de ce Projet, c'est qu'on peut l'effayer dans tout le Royaume, & à très-peu de frais, avant de l'arrêter au Confeil, fans empêcher la manutention actuelle pendant l'effai, fauf à lui donner la préférence quand on fera certain de fa poffibilité.

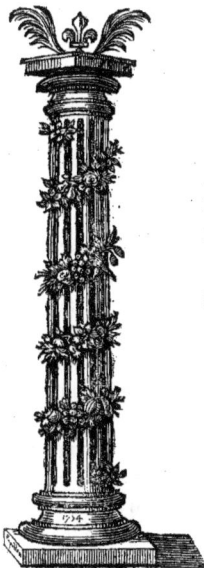

COMPARAISON.

Accorder aux Collecteurs······	$"^{fols}\ 4^{den.}$
Idem, Aux Receveurs des Tailles	$"\quad 4$
Frais de Bureaux··········	$"\quad 4$
Honoraires des Régisseurs·····	$1\quad "$
	$2^{fols}\ "^{den.}$
Reste pour le Roi········	$18\quad "$

En fuivant ce nouveau plan, on trouvera toutes les ref-
fources néceffaires dans la richeffe du Royaume. Depuis un
fiecle elle eft augmentée au moins d'un tiers par les défriche-
mens des terres, les établiffemens des Manufactures & autres
améliorations, que l'on fait journellement. Par le plan pro-
pofé on réduit les frais de régie à deux fols pour livre ; au
lieu qu'aujourd'hui ils vont à plus de moitié du produit de
tout ce que les citoyens payent. On ne fera donc plus dans
le cas d'ufer de remédes violens ; puifque les revenus de
l'Etat fe trouveront naturellement dans fa richeffe même : &
les citoyens feront déchargés des vexations que commettent
les Commis à la perception de cette grande multiplicité de
droits.

Il eft prouvé clairement que le revenu de tel Royaume que
ce puiffe être, n'eft fondé que fur trois objets, fçavoir, la
quantité de fujets, par fexe ; celui des animaux, par efpeces ;
& celui des biens, par nature & par leur valeur. Il eft donc im-
portant à un Souverain, pour pouvoir connoître la richeffe de
fon Royaume, de parvenir au dénombrement de ces trois
efpeces, pour en connoître le produit & leur valeur, & pour
n'impofer fes fujets aux rétributions qu'ils doivent naturellement à leur Souverain, que fuivant leurs facultés.

Voilà le feul moyen pour faire rentrer dans un Royaume, tel
que celui de la France, toute la richeffe, le bonheur & l'aifance
des fujets : car ils fe trouveront déchargés d'un *quart des Impôts*
qu'ils payent annuellement ; & les revenus de l'Etat feront au-
gmentés au moins *de moitié*. En faifant ufage de la nouvelle
adminiftration des Finances ici propofée, elle rendra deux
branches de commerce à la Nation, qui font le *Sel & le
Tabac*, lefquelles font périr la vingtieme partie des fujets,
par le canal des fraudes qui fe commettent pour en éviter les
droits

droits, & en faisant rester dans le Royaume *sept à huit millions*, que les Fermiers généraux portent tous les ans à *l'Etranger* pour l'approvisionnement du *Tabac*.

On a toujours reconnu que la grande multiplicité de perceptions de droits étoient la ruine d'un Etat & celle des sujets, à cause des amendes & confiscations occasionnées par les fraudes qui se commettent; & les frais de régie qui font énormes. On a supputé que les Impôts actuels, & les vices qu'ils entraînent, font sortir des *mains des sujets du Royaume douze à treize cens millions par an.* Si l'on sçait ce qu'il en entre dans le trésor du Roi, on verra la différence de la régie actuelle d'avec celle qu'on propose, qui procurera à l'Etat au moins *huit cens millions de revenus*; & les deux sols pour livre de ce produit, feront plus que suffisans pour les frais de la nouvelle régie : tandis que ceux de la régie actuelle, avec les fraudes qui se commettent sur la perception des droits, absorbent au moins la moitié du produit.

La nouvelle régie proposée ici ne présente que deux sortes de droits. Le premier, appellé *le droit d'Affranchissement*, ou de *franchise*, tiendra lieu de tous les droits actuels sur les consommations, & sera imposé par classe sur tous les Sujets suivant les facultés de chacun ; aucun n'en étant exempt aujourd'hui pour ses consommations, pas même le Roi pour celles de sa bouche.

Le second est la *Taille réelle*, fixée à *quatre sols pour livre* sur tous les biens fonds & autres. Par le moyen du dénombrement qui sera fait tous les ans, on sera en état de classer chaque sujet dans sa juste classe, pour ses consommations, & pour la Taille réelle, suivant la quantité des biens & leur valeur, sur le prix des baux, ou par estimation à l'égard de ceux qui font valoir,

C

Ce plan nouveau d'Impofition & d'adminiftration a le double avantage de pouvoir en ordonner l'exécution fans toucher à la manutention actuelle ; & en connoître la poffibilité & les avantages, avant que de le fubftituer à celui qui exifte.

Tous les ans le Souverain pourra fe faire repréfenter un tableau fur dix - huit colonnes, fur lequel il lui fera facile de voir l'augmentation ou la diminution de chacune des efpeces qui compofent toute la richeffe de fon Royaume, avec le produit général de fon revenu, lequel fera payé de mois en mois par les Receveurs des Tailles actuels, ainfi qu'il eft dit dans le plan de la nouvelle adminiftration.

De même le Souverain peut fe faire donner un état des dépenfes qu'il a payées chaque année, divifées par chaque mois. Comme prefque toutes les dépenfes fe font par les quatre Secrétaires d'Etat, ils peuvent donner un état au Souverain de ce qu'ils ont chacun à payer par année, divifé par mois : alors M. le Contrôleur Général fait un *atlas* du produit des revenus avec les dépenfes à faire dans la forme ci-après, qu'il mettra fous les yeux du Souverain.

PRODUIT GÉNÉRAL DU ROYAUME
POUR L'ANNÉE 177

Montant à la fomme de 800,005,000 liv., divifé en douze payemens.

SÇAVOIR;

Mois de JANVIER 177 ····················	66,667,500*
FÉVRIER·························	66,667,500
MARS·························	66,667,500
AVRIL·························	66,667,500
MAI·························	66,667,500
JUIN·························	66,667,500
JUILLET·························	66,667,500
AOUST·························	66,667,500
SEPTEMBRE·························	66,667,500
OCTOBRE·························	66,667,500
NOVEMBRE·························	66,667,500
DÉCEMBRE·························	66,667,500
SOMME PAREILLE···············	800,005,000

Le SOUVERAIN connoîtra facilement le montant & la rentrée de fes revenus par le Tableau ci-deffus.

C ij

M. le Contrôleur général d'après le Tableau du produit de l'Etat, peut former quatre Tableaux de la Dépenſe de chaque département des quatre Secrétaires d'Etat, ſuivant le modèle ci-après.

MAISON DU ROI.

TABLEAU des Dépenſes concernant le Département de la Maiſon du ROI pour l'année entiere 177 , diviſé par douze payemens, montant à la ſomme de

SÇAVOIR;

Mois de JANVIER······························	····//··//··//
FÉVRIER······························	····//··//··//
MARS······························	····//··//··//
AVRIL······························	····//··//··//
MAI······························	····//··//··//
JUIN······························	····//··//··//
JUILLET······························	····//··//··//
AOUST······························	····//··//··//
SEPTEMBRE······························	····//··//··//
OCTOBRE······························	····//··//··//
NOVEMBRE······························	····//··//··//
DÉCEMBRE······························	····//··//··//
SOMME PAREILLE············	····//··//··//

Le SOUVERAIN verra clairement ce que l'Etat aura à payer par chaque mois de l'année 177 pour la dépenſe de ſa Maiſon.

DÉPARTEMENT DE LA GUERRE.

Tableau des Dépenses concernant le Secrétaire d'Etat du Département de la Guerre pour l'année 177 , divisé en douze payemens, montant à la somme de .

SÇAVOIR;

Mois de Janvier······················· ·····*ıı··ıı··ıı*

Février···················· ·····*ıı··ıı··ıı*

Mars···················· ·····*ıı··ıı··ıı*

Avril···················· ·····*ıı··ıı··ıı*

Mai···················· ·····*ıı··ıı··ıı*

Juin···················· ·····*ıı··ıı··ıı*

Juillet···················· ·····*ıı··ıı··ıı*

Aoust···················· ·····*ıı··ıı··ıı*

Septembre···················· ·····*ıı··ıı··ıı*

Octobre···················· ·····*ıı··ıı··ıı*

Novembre···················· ·····*ıı··ıı··ıı*

Décembre···················· ·····*ıı··ıı··ıı*

SOMME PAREILLE············· ·····*ıı··ıı··ıı*

D'un coup d'œil le SOUVERAIN verra ce que le Secrétaire d'Etat aura à payer pour les dépenses de la Guerre ; & en tems de Guerre l'on peut ajouter au bas de ce Tableau les dépenses extraordinaires que l'Etat est obligé de faire,

AFFAIRES ÉTRANGERES.

Tableau des Dépenses concernant le Secrétaire d'Etat du Département des Affaires Etrangeres pour l'année 177 divisé en douze payemens, montant à la somme de

SÇAVOIR;

Mois de JANVIER ·································· ····//··//··//

FÉVRIER ·························· ····//··//··//

MARS ···························· ····//··//··//

AVRIL ···························· ····//··//··//

MAI ······························ ····//··//··//

JUIN ····························· ····//··//··//

JUILLET ·························· ····//··//··//

AOUST ···························· ····//··//··//

SEPTEMBRE ······················ ····//··//··//

OCTOBRE ························· ····//··//··//

NOVEMBRE ······················· ····//··//··//

DÉCEMBRE ······················· ····//··//··//

SOMME PAREILLE ············· ····//··//··//

Cette partie souvent est variable, sur-tout en temps de Guerre, à cause des Alliances que l'on est obligé de faire avec différens Princes, auxquels on paye des subsides, & autres dépenses politiques : mais l'on peut toujours ajouter à ce Tableau ce surcroît de Dépense.

MARINE.

TABLEAU des Dépenses concernant le Secrétaire d'Etat du Département de la Marine pour l'année 177 , divisé en douze payemens montant à la somme de . . . .

Sçavoir;

Mois de JANVIER··	····//··//··//
FÉVRIER··	····//··//··//
MARS···	····//··//··//
AVRIL··	····//··//··//
MAI···	····//··//··//
JUIN···	····//··//··//
JUILLET··	····//··//··//
AOUST···	····//··//··//
SEPTEMBRE··	····//··//··//
OCTOBRE··	····//··//··//
NOVEMBRE··	····//··//··//
DÉCEMBRE··	····//··//··//
SOMME PAREILLE··············	····//··//··//

Cette partie concernant la Marine n'eſt variable qu'en temps de Guerre, & que dans le cas où le Souverain feroit faire de nouvelles conſtructions de Vaiſſeaux. L'entretien une fois fixé , la dépenſe ſe trouveroit toujours la même.

DETTES DE L'ÉTAT.

TABLEAU concernant les dettes de l'Etat , suivant le rapport ci-après détaillé , avec le produit général.

SÇAVOIR;

Dépense pour le Louvre , Maisons &
   Bâtimens du ROI·············//··//··// } ············//··//··//

Celle pour les Ponts & Chauffées···//··//··// }

Les Tontines···················//··//··// }

Les rentes viageres··············//··//··// } ············//··//··//

Les rentes perpétuelles··········//··//··// }

Les rentes sur les Aydes & Gabelles·//··//··// }

Les rentes sur les Charges·········//··//··// } ············//··//··//

La dépense du département de la
   Maison du ROI··············//··//··// }

La dépense de la Guerre···········//··//··// }

La dépense des Affaires Etrangeres··//··//··// } ············//··//··//

La dépense de la Marine···········//··//··// }

Dépense des menus plaisirs du ROI··················//··//··//

        TOTAL de la Dépense···············//··//··//
Le produit général du Royaume est de········ 800,005,000^{tt}··//··//

   PARTANT la Recette excéde la Dépense de···········//··//··//

C'est par ce détail que les Souverains peuvent voir d'un coup d'œil, & journellement, la richesse de leur Royaume & la dépense qu'ils ont à faire sur chaque partie. En suppofant qu'il se trouve d'autres dépenses que celles ci-dessus, l'on peut de même les ajouter.

                                       Le

Le Tableau de recette & de dépenſe mettra toujours le Souverain en état de connoître le revenu général de ſon Royaume & ſa dépenſe, comme auſſi celui du dénombrement des Sujets par ſexe, celui des animaux par eſpeces, & celui des biens par nature & leur valeur, qui ſera fait tous les ans par chaque Province, ce qui donnera la facilité à SA MAJESTÉ d'en connoître toute la production, l'augmentation ou diminution par chaque année. Voilà, ainſi qu'il eſt démontré, l'avantage & le bien qui réſultera de la nouvelle adminiſtration de finance, & la parfaite connoiſſance qu'elle procurera au Roi & à ſes Miniſtres, des objets qui ſont ſeuls la richeſſe du Royaume, & des objets de dépenſe que l'Etat eſt obligé de faire.

EXTRAIT du Projet ci-contre & des autres parts.

L'Auteur commence par établir l'utilité qu'il y auroit d'aſſimiler tous les ſujets du Roi à un même droit & à la même forme de perception. Il ſe fait l'objection, que pluſieurs Provinces ne ſe ſont ſoumiſes qu'à des conditions; qu'il y a même des Villes qui ont des privileges particuliers : mais il répond que les circonſtances qui ont déterminé les Souverains à ces ménagemens, ne ſubſiſtent plus; que depuis long-tems le Miniſtère eſt dans l'uſage d'aſſujettir les Pays conquis aux nouveaux Impôts; ce qui eſt juſte, parce qu'étant ſujets du Roi comme les autres, ils doivent coopérer de même aux beſoins de l'Etat, à ſoutenir la majeſté du Trône & la force qui fait leur ſûreté : d'ailleurs ils ſeront mieux traités qu'ils ne le ſont en ſe conformant à leurs priviléges, & ils épargneront les frais immenſes de leurs aſſemblées d'Etats, & les arrérages des ſommes qu'ils ſont obligés d'emprunter tous les ans ou tous les deux ans. L'Auteur combat enſuite l'opinion qui ſuppoſe que

D

l'on ne pourroit changer l'adminiſtration actuelle des Finances ſans les plus grands riſques. Pour écarter ce préjugé, il ſoutient que ſi cette adminiſtration eſt ruineuſe pour le Roi & ſes ſujets, on ne peut balancer à l'anéantir ; que la multiplicité des Impoſitions actuellement exiſtantes a le double inconvé‑ nient de ſurcharger & gêner les peuples, & d'entraîner des frais immenſes pour leur perception, leſquels conſomment la plus grande partie du produit ; que ce ne peut être qu'en ſimplifiant les droits & leur perception, qu'on peut parvenir à augmenter conſidérablement les revenus de Sa Majeſté, & à rendre en même tems à ſes peuples l'aiſance & le bonheur.

L'Auteur propoſe, pour réunir ce double avantage, d'éta‑ blir deux ſeules Impoſitions ; l'une perſonnelle, ſous la déno‑ mination de droit de Franchiſe ; l'autre, la Taille réelle, ſur tous les fonds & biens tenant nature d'immeubles.

Sa Majeſté en conſéquence ſupprimeroit tous les droits d'Aides, d'Entrées, de Gabelles, de Capitation, de Tabac, &c. ainſi que la Taille, Taillon, Uſtenſile, Vingtiemes & Huit ſols pour livre, enfin tous les droits qui exiſtent actuel‑ lement.

Après ce plan général l'Auteur entre dans les moyens d'aſſeoir ces deux droits. Il commence par celui de Franchiſe, & pour en faciliter une juſte répartition, il diviſe tous les habitans du Royaume en vingt-quatre diviſions.

La premiere eſt ſubdiviſée en deux parties : l'une eſt compoſée de Journaliers & Domeſtiques ſans biens : il en porte le nombre à deux millions d'ames, & les taxe chacun à 3 livres par an. Dans la ſeconde partie il comprend les Religieux & Religieuſes, & les Propriétaires de quelque peu d'héritages, qu'il eſtime à un million d'ames, qui payeront 6 livres.

La deuxieme claſſe compoſée des Prêtres, Vicaires de Paroiſſes, Chapelains, Artiſans & Ouvriers de toutes eſpeces, eſt ſubdiviſée en trois parties, dont la premiere qu'il porte à cinq cens mille ames, payera 9 livres; la ſeconde de trois cens mille ames, payera 12 livres; & la troiſieme de deux cens mille ames, payera 24 livres.

La troiſieme claſſe comprend les Curés, les Laboureurs à une, deux & trois charrues, & les Cultivateurs de leurs biens, dont il eſtime le nombre à un million cent mille ames, qu'il diviſe en quatre parties, dont la premiere de quatre cens mille, payera 18 livres; la deuxieme de trois cens mille, payera 40 livres; la troiſieme de deux cens mille, payera 100 livres; & la quatrieme de deux cens mille, payera 120 liv.

La quatrieme claſſe eſt de tous les Marchands détailleurs des Villages, des petites & grandes Villes, dont il porte le nombre à huit cens mille : deux cens mille payeront 40 livres; quatre cens mille, 100 livres; & deux cens mille, 160 livres.

La cinquieme claſſe comprend tous les Marchands en gros, Fabricans & Négocians, dont il porte le nombre à cinq cens mille, qu'il diviſe en trois parties : la premiere payera 100 livres; la deuxieme, 150 livres; & la troiſieme, 200 livres.

La ſixieme claſſe eſt compoſée des Intéreſſés dans les affaires, Notaires, Banquiers, Entrepreneurs, dont il eſtime le nombre à cinq cens mille : la premiere partie payera 120 livres; la deuxieme, 160 livres; & la troiſieme, 320 livres.

La ſeptieme comprend les Gens de robe, qu'il porte à quatre-vingt-ſept mille, dont la premiere partie payera 100 livres; la deuxieme, 200 livres; & la troiſieme, 300 liv.

La huitieme & derniere claſſe, compoſée des perſonnes du premier rang & des plus riches, eſt portée par l'Auteur à trois

D ij

cens mille. Cent cinquante mille payeront 300 livres ; cent mille, payeront 400 liv. & cinquante mille, payeront 500 liv.

Ces sept claffes forment un total de fept millions trois cens quatre-vingt-fept mille ames, dont le produit feroit de 480,700,000 livres.

Il obferve en premier lieu, que fa *fpéculation* fur le nombre eft fort inférieure à la réalité, puifque le Royaume eft compofé de plus de dix-huit millions d'habitans ; que par conféquent le produit fera bien plus confidérable qu'il ne le préfente.

Il obferve en fecond lieu, qu'il n'y a aucune de ces claffes qui ne doive s'eftimer fort heureufe de payer ce droit, & qui n'y trouve un profit confidérable, à commencer par la premiere, qui eft la plus nombreufe, puifqu'elle comprend feule trois millions de fujets, & dont le recouvrement eft le plus difficile. Il fuppofe que la confommation de chaque particulier pour fa boiffon, eft au moins d'un demi-muid, qui dans les Pays d'Aides fait un objet de fix livres ; en y joignant les droits du Sel, du Tabac, & de toutes les denrées qu'il confomme, il n'y a point de particulier, fi pauvre qu'il puiffe être, qui ne paye plus de 24 livres. Enfin en fuivant la gradation de ces différentes claffes proportionnées à la faculté & à la confommation de chaque fujet, il n'en eft aucun, fuivant l'Auteur, qui ne trouve une diminution très-forte & très-fenfible de ce qu'il paye aujourd'hui.

Il fait valoir la fatisfaction que les Peuples reffentiront de n'être plus expofés aux véxations des Commis, dont les Procès-verbaux, faux ou exagérés, les mettent dans la néceffité de payer des amendes & des frais ruineux.

Il prétend que relativement à l'état & à la confommation d'un grand nombre de Seigneurs ou Gens puiffamment riches, on pourra augmenter les 500 livres à quoi il les impofe. Il entre enfuite dans les moyens d'affeoir ce Droit avec Juftice,

Pour y parvenir, il paroît féparer les Habitans de la Campagne d'avec ceux des Villes. Quant à ceux de la Campagne, il réunit le droit de franchife à celui de la Taille réelle; & pour en faire une répartition jufte, il donne des modèles de Rôles qui, en dix-huit Articles, comprendront le nombre d'hommes, de femmes, de garçons, de filles, de chevaux, bœufs & vaches, ânes, cochons, moutons & brebis, la quantité de maifons & mafures, clos & jardins, arpens de vignes, arpens de prés, arpens de terre en culture, arpens de terre en friche, arpens de bois, étangs, rivieres ou canaux *en lieues.*

Ces modèles de Rôles feront envoyés aux Intendans des Généralités, avec une lettre inftruétive. Les Intendans les feront paffer à leurs Subdélégués, qui les remettront aux Receveurs des Tailles de chaque Eleétion. Les Receveurs des Tailles, conjointement avec les Colleéteurs des Paroiffes, rempliront chaque objet du Rôle; ce qui fera d'autant plus facile, que les rôles des Tailles & des Vingtièmes donneront de grands éclairciffemens, & qu'on obligera les Propriétaires & Fermiers de repréfenter les Baux & l'aveu de leurs héritages. Quant à ceux qui ne font point affermés, on pourra en faire une eftimation jufte fur le produit de ceux de leurs voifins. Il en fera de même des Bois, en ordonnant aux Greffiers des Eaux & Forêts d'envoyer aux Receveurs des Tailles un Etat certifié du prix des bois qui auront été coupés dans leurs Maîtrifes.

L'Auteur avance avec confiance, qu'avec ces précautions on doit faire une répartition & une affiette jufte. Au furplus, M. l'Intendant y veillera, tant par lui-même que par fes Subdélégués, & par des Commiffaires particuliers qu'il pourra commettre.

Du Rôle de chaque Paroiffe, le Receveur des Tailles en formera une Carte détaillée de fon Eleétion, qu'il remettra à M. l'Intendant. Celui-ci en fera faire une qui comprendra le

produit & le dénombrement de fa Généralité, pour être en-
voyée au Miniftre, qui, en les faifant réunir dans une Carte
générale, pourra d'un coup d'œil connoître les forces & les
richeffes du Royaume. Comme la même opération fe répétera
tous les ans, le Miniftre fçaura les parties qui auront fructifié,
& celles qui auront dépéri, & fera en conféquence à portée
de répandre fes graces.

Enfin, par la vérification de la fortune de chaque Particulier, on fera à portée de connoître fa confommation; &
fuivant la Claffe dans laquelle il fe trouvera, ce qu'il doit payer
pour le droit de franchife : de façon que le même Rôle comprendra les deux Droits, celui de la Taille réelle & celui de
franchife. Par ce moyen, fans fe livrer au hafard, & avant de
rien changer au fyftême actuel des Finances, le Miniftre connoîtra avec certitude, fi le produit que l'Auteur annonce eft
vrai ou faux. Il foutient que ce produit fera plus confidérable,
parce qu'il n'a fait fa *fpéculation* que fur 7,387,000 ames, &
qu'il y a bien des divifions de ces Claffes qui, dans le fait,
fupporteront une impofition plus forte.

L'Auteur annonce qu'il a tous les matériaux néceffaires pour
le plan de la perception de ce Droit de franchife pour la Ville
de Paris & les autres grandes Villes du Royaume, qui deman-
dent une manutention particuliere. Il avance que le produit
de la feule Ville de Paris, fera de plus de cent trente millions;
& que s'il fe préfentoit des difficultés, foit dans l'établiffement,
foit dans l'exécution de fon projet, il eft en état de les réfou-
dre & d'empêcher les moindres frottemens dans la machine.

Quant à la Taille réelle, il y affujettit, non-feulement les
biens fonds & les Domaines engagés, mais même les rentes
fur l'Hôtel-de-Ville & les Rentes de Particulier à Particulier;
& il porte ce droit à quatre fols pour livre pour les Biens-
fonds, & à deux fols pour livre fur les Rentes ; ce qui eft moins

fort que la *Taille, Taillon, Uftenfile*, les *deux Vingtiémes & deux fols* pour livre du Dixiéme qu'on paye actuellement. L'Auteur laiffe fubfifter le contrôle des Actes, des Exploits, Infinuations & autres qui formoient ci-devant la fous-ferme des Domaines, comme néceffaire pour la fûreté publique. Mais les autres revenus du Roi augmentant de plus de moitié, dans ce nouveau fyftême, Sa Majefté ordonneroit, fans doute, que ces droits, établis uniquement pour la fûreté des conventions entre Citoyens, fuffent fimplifiés de maniere à ne leur être point à charge.

Il laiffe fubfifter également la Marque de l'Or, de l'Argent & des autres Métaux, & la Ferme des Poftes.

L'Auteur ne touche point aux Priviléges, fauf à les examiner dans la fuite.

Il donne enfuite fon plan pour la perception des deux Droits & pour la Régie.

L'impofition fera faite, comme on l'a dit, par les Receveurs des Tailles, dans les Pays d'Election, & par les Officiers Municipaux des Villes dans les Pays d'Etat.

La nomination des Collecteurs fe fera comme par le paffé, ils retiendront quatre deniers pour livre, pour compter net & fans non valeur. Ils compteront tous les mois le douzieme du montant de leurs Rôles, qui fera verfé à la fin de chaque mois dans la caiffe du Tréfor royal.

Le Receveur des Tailles retiendra pareillement quatre deniers pour livre fur le produit de fon arrondiffement, & il comptera net & fans non valeur. Il fera tous les mois deux bordereaux de fa recette : il en enverra un au Miniftre & l'autre à la caiffe.

Il fera établi trente-quatre Bureaux de Régie ; fçavoir, un dans chaque Généralité, un pour la Ville de Paris feule, & un général pour la vérification des autres. Ce dernier formera la Carte générale du produit du Royaume, qui fera préfentée

tous les mois au Miniſtre des Finances, & dont le double reſ-
tera à la caiſſe pour compter.

Il ſera prélevé ſur le produit général deux ſols pour livre,
y compris les huit deniers attribués aux Collecteurs & aux
Receveurs des Tailles, pour les frais de la Régie de ces différens Bureaux, à la tête deſquels on mettra deux Chefs :
enſorte qu'il y aura ſoixante-huit Régiſſeurs généraux.

En ſupprimant les places des Fermiers Généraux, ils deviendront alors Régiſſeurs généraux ; & il leur ſera fixé
deux ſols pour livre du produit général de l'impoſition ,
pour les frais de régie & leurs honoraires, qui monte-
ront encore à plus de 300,000 livres chaque année pour chaque Intéreſſé.

L'Auteur donne par *ſpéculation* dans une Carte générale le
produit des deux Droits par chaque Généralité, dont le total
monte à *846 millions* ; ce qui fait plus de *84 millions* pour les
deux ſols pour livre, & plus de *761 millions* qui rentreront net
dans les coffres de Sa Majeſté. En y réuniſſant le produit de
la *Ferme des Poſtes*, celui du *Contrôle*, les *Forêts & Domaines*
du Roi, les *Droits ſur la Marque de l'Or & de l'argent* & les
Monnoies, ſes Revenus ſeront plus que doublés. Sa Majeſté
ſera en état d'en affecter tous les ans une partie pour la libéra-
tion des dettes de l'Etat.

Pour prévenir le vuide qu'on pourroit craindre par ce
changement, l'Auteur penſe que le Roi, en convertiſſant
tous les droits actuels dans les deux propoſés, pourroit, par
l'Edit d'établiſſement, demander le prélévement de trois mois
d'avance, qui feroit un fonds de plus de 200 millions, qui
joint au ſupplément de finance dès Droits de contrôle, met-
troit Sa Majeſté en état d'attendre la rentrée du produit des
nouveaux Droits.

Ce projet, qui paroît aſſez bien lié, a un avantage particulier,

lier, qui eft que, fans rien déranger au fyftême actuel des finances & à fa manutention, le Miniftre peut vérifier fi la fpéculation de l'Auteur eft jufte ou fautive. Il ne faut pour cela
que faire imprimer un certain nombre de Rôles conformes
au modèle que l'Auteur propofe, & un fimple Arrêt du
Confeil, par lequel Sa Majefté déclarera que voulant fçavoir
le dénombrement de tous fes Sujets dans l'étendue de fon
Royaume & leurs facultés, elle a ordonné & ordonne aux
fieurs *Commiffaires-départis* dans les Provinces de remplir
fes volontés dans la forme qui leur fera prefcrite. Ainfi, fans
rien découvrir du but qu'on fe propofe, & fans rien mettre
au hafard, le projet fe trouvera tout établi, & le Miniftère en
état d'en calculer le produit.

La premiere impofition pourra ne pas être dans l'exactitude
où elle fera portée par les rôles fubféquens, chaque particulier cherchant toujours à amoindrir fes facultés & fa confommation; mais la réforme ne pourra qu'augmenter le produit
d'année à autre.

On peut tenir pour certain que les Sujets du Roi verront
avec le plus grand plaifir ce changement : la diminution
réelle & effective des droits qu'ils payent aujourd'hui, réu-
nie à la liberté fi précieufe, ne pourra que répandre l'allé-
greffe dans tous les cœurs.

Si l'on veut jetter les yeux fur les remontrances de la Cour des
Aydes, des Parlemens de Paris & de Rouen, on verra qu'elles
font connoître l'avantage que les Citoyens trouveroient, ainfi
que le Gouvernement, s'ils étoient claffés fuivant leur état &
leur fortune. On préfume que tous les Parlemens font du même
fentiment. *Signé* RICHARD DES GLANNIERES.

Nª. Il n'y aura de Douanes établies que fur les Frontieres du
Royaume, pour percevoir les droits fur les marchandifes qui
viennent de l'Etranger.

E

Obſervations.

L'Auteur de ce nouveau Plan économique obſerve qu'il a tous les moyens de faire remplir les vuides qu'il pourra occaſionner.

Il donnera la facilité à la Ville de Paris, & autres qui peuvent ſe trouver dans le même cas, de recevoir ſon revenu annuel, pour lui tenir lieu des droits qu'elle fait percevoir aujourd'hui aux entrées ſur les conſommations; de même ceux des Hôpitaux, ſans aucune opération de perception de droits, ni autres frais que la peine d'envoyer recevoir tous les mois le douzieme du produit général de chaque année.

L'Auteur préſume bien que l'on pourra s'alarmer ſur la ſuppreſſion d'une grande quantité de Commis; mais il obſerve que les deux branches de commerce libre du ſel & du tabac peuvent occuper deux millions d'ames; & en les gratifiant de la remiſe d'une année d'appointement pour leur faciliter ce nouveau genre de commerce, ils ſeront bien dédommagés de la perte de leurs places, & ils ne ſeront plus expoſés à la haine publique. La Nation ſe procurant dans le Royaume ſa conſommation d'excellent tabac, elle empêchera d'en ſortir en eſpeces ſept à huit millions chaque année, que les Fermiers généraux portent à l'Etranger, ſans jamais en revoir un ſol. Elle conſervera en outre un grand nombre de Citoyens que la contrebande du ſel & du tabac, & la fraude des autres droits, font périr, & qui s'occuperont à d'autres travaux utiles & néceſſaires à la ſociété.

L'Auteur préſume auſſi que ce nouveau Plan d'impoſition pourra donner la facilité à l'Etat de ſe procurer tous ſes beſoins en tout temps, ſans avoir recours à d'autres impoſitions. En temps de guerre, il ſeroit très-poſſible de mettre fimplement le fol pour livre fur chaque impofition pour la premiere année ; & les années fuivantes , fix deniers d'augmentation par chaque année jufqu'à la paix. Alors le fol pour livre & les fix deniers s'éteindroient par chaque année de paix, comme ils fe feroient accrus par année de guerre. Par ce moyen les Sujets du Roi fçauroient en tout temps ce qu'ils ont à payer , & l'Etat ne s'endetteroit jamais : d'autant mieux que payant comptant toutes fes confommations , il les auroit à meilleur compte.

L'Auteur n'annonce pas les autres moyens qu'il a pour parvenir fans peine à l'exécution de la nouvelle impofition économique : il fe réferve d'avoir l'honneur de les préfenter au digne Miniftre des finances , dont l'amour patriotique eft déja connu à toute la Nation. Elle en verra avec joye une nouvelle preuve dans le contenu de la Lettre qu'il a daigné écrire à l'Auteur.

LETTRE de Monfeigneur le Contrôleur Général , à M. Richard des Glannieres.

Paris , le 13 Septembre 1774.

Lorfque je vous dis , Monfieur , de faire imprimer votre Projet , c'étoit pour mettre le Public à portée de le juger. Je fuis donc bien éloigné de m'oppofer à la diftribution des Exemplaires , & vous êtes bien le maître de la commencer auffi-tôt que votre Ouvrage fera imprimé.

Je fuis , Monfieur , entierement à vous ,

Signé *TURGOT.*

PRIVILEGE DU ROI.

LOUIS, par la grace de Dieu, Roi de France & de Navarre : A nos amés & féaux Conseillers les Gens tenans nos Cours de Parlement & Conseils Supe_ rieurs, Maîtres des Requêtes ordinaires de notre Hôtel, Prevôt de Paris, Baillifs, Sénéchaux, leurs Lieutenans Civils, & autres nos Justiciers qu'il appartiendra ; SALUT. Notre amé le Sieur RICHARD DES GLANIERES Nous a fait exposer qu'il desireroit faire imprimer & donner au Public un nouveau *Plan d'Impositions économiques* de sa composition , s'il Nous plaisoit lui accorder nos Lettres de Privilége pour ce nécessai- res. A CES CAUSES, voulant favorablement traiter l'Exposant , Nous lui avons permis & permettons, par ces Présentes, de faire imprimer ledit Ouvrage autant de fois que bon lui semblera , & de le vendre , faire vendre & débiter par-tout notre Royaume, pendant le tems de six années consécutives, à compter du jour de la date des Présentes. Faisons défenses à tous Imprimeurs, Libraires & autres personnes, de quelque qualité & condition qu'elles soient, d'en introduire d'impression étrangere dans aucun lieu de notre obéissance, comme aussi d'imprimer, ou faire imprimer, ven- dre, faire vendre , débiter ni contrefaire ledit Ouvrage , ni d'en faire aucuns Extraits, sous quelque prétexte que ce puisse être, sans la permission expresse & par écrit dudit Exposant ; ou de ceux qui auront droit de lui , à peine de confiscation des Exem- plaires contrefaits , de trois mille livres d'amende contre chacun des contrevenans, dont un tiers à Nous, un tiers à l'Hôtel-Dieu de Paris, & l'autre tiers audit Expo- sant, ou à celui qui aura droit de lui, & de tous dépens, dommages & intérêts ; à la charge que ces Présentes seront enregistrées tout au long sur le Registre de la Com- munauté des Imprimeurs & Libraires de Paris , dans trois mois de la date d'icelles ; que l'impression dudit Ouvrage sera faite dans notre Royaume & non ailleurs , en beau papier & beaux caractères, conformément aux Réglemens de la Librairie , & notam- ment à celui du 10 Avril 1725, à peine de déchéance du présent Privilege ; qu'avant de l'exposer en vente, le Manuscrit qui aura servi de copie à l'impression dudit Ouvra- ge, sera remis dans le même état où l'Approbation y aura été donnée, ès mains de no- tre très-cher & féal Chevalier Garde des Sceaux de France, le Sr Hue de Miromenil, qu'il en sera ensuite remis deux Exemplaires dans notre Bibliothéque publique , un dans celle de notre Château du Louvre, un dans celle dudit Sr Hue de Miromenil, & un dans celle de notre très-cher & féal Chevalier Chancelier de France le sieur de Maupeou, le tout à peine de nullité des Présentes ; du contenu desquelles vous man- dons & enjoignons de faire jouir ledit Exposant & ses ayans causes, pleinement & paisiblement, sans souffrir qu'il leur soit fait aucun trouble ou empêchement. Voulons que la copie des Présentes, qui sera imprimée tout au long au commencement ou à la fin dudit Ouvrage, soit tenue pour duement signifiée, & qu'aux copies collationnées par l'un de nos amés & féaux Conseillers-Secrétaires, foi soit ajoutée comme à l'origi-

nal. Commandons au premier notre Huiffier ou Sergent fur ce requis, de faire pour l'exécution d'icelles, tous actes requis & néceffaires, fans demander autre permiffion, & nonobftant clameur de Haro, Charte Normande, & Lettres à ce contraires. CAR tel eft notre plaifir. DONNÉ à Paris, le douzieme jour du mois d'Octobre, l'an de grace mil fept cent foixante-quatorze, & de notre règne le premier. Par le Roi en fon Confeil.　　*Signé*, LE BEGUE.

Regiftré fur le Regiftre neuf de la Chambre Royale & Syndicale des Libraires & Imprimeurs de Paris, N°. 3095, Fol. 308, conformément au Réglement de 1723, qui fait défenfes, art. 4, à toutes perfonnes de quelque qualité & condition qu'elles foient, autres que les Libraires & Imprimeurs, de vendre, faire vendre, débiter, faire afficher aucuns Livres pour les vendre en leurs noms, foit qu'ils s'en difent les Auteurs ou autrement, & à la charge de fournir à la fufdite Chambre huit Exemplaires prefcrits par l'article 108 du même Réglement. A Paris, ce 13 Octobre 1774.

Signé, C. SAILLANT, Syndic.

www.ingramcontent.com/pod-product-compliance
Lightning Source LLC
Chambersburg PA
CBHW071346200326
41520CB00013B/3116